**Deutsche/
Englisch**

# Bildwörterbuch

Mehr als 325 wesentliche Wörter

Dylanna Press

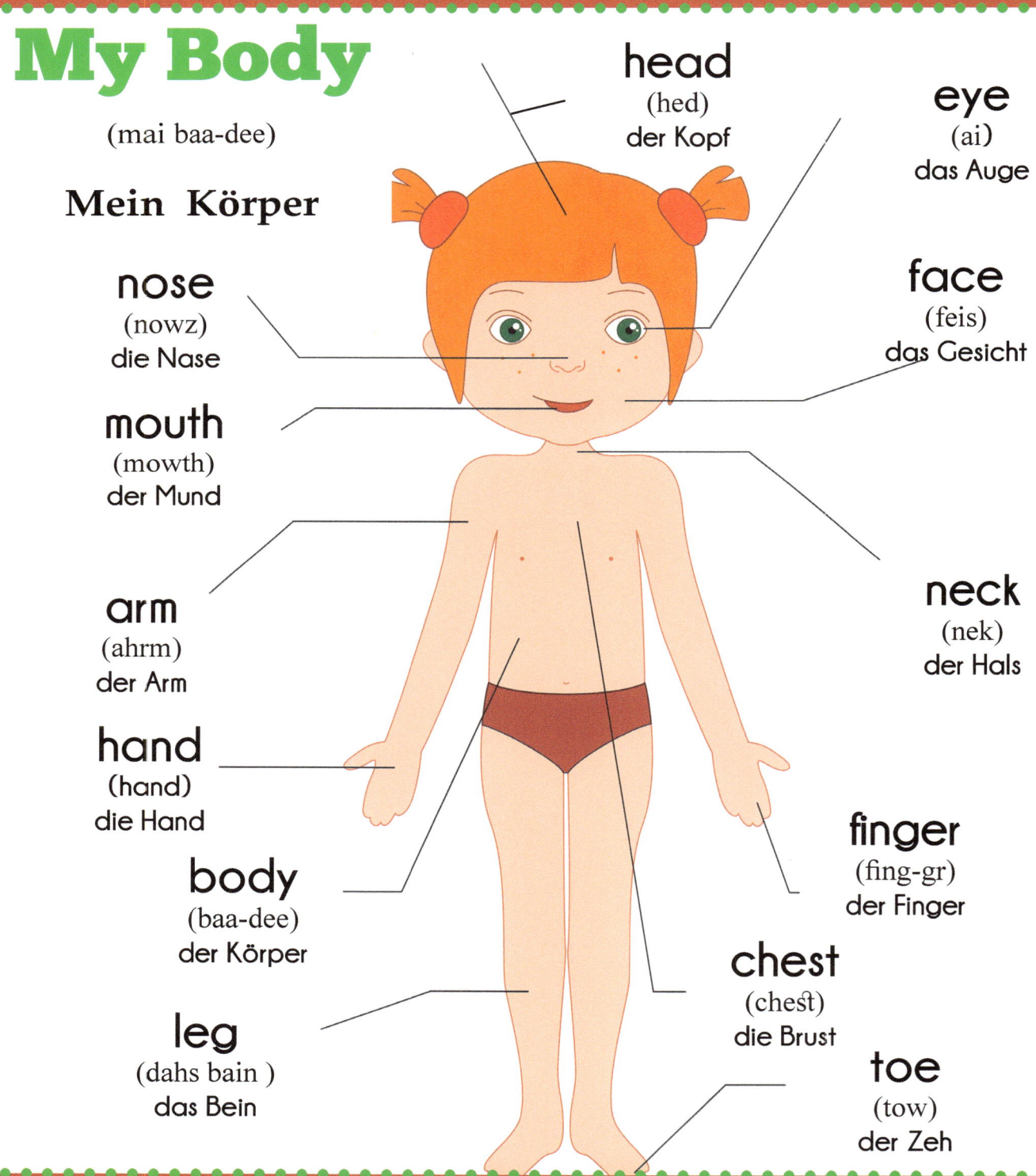

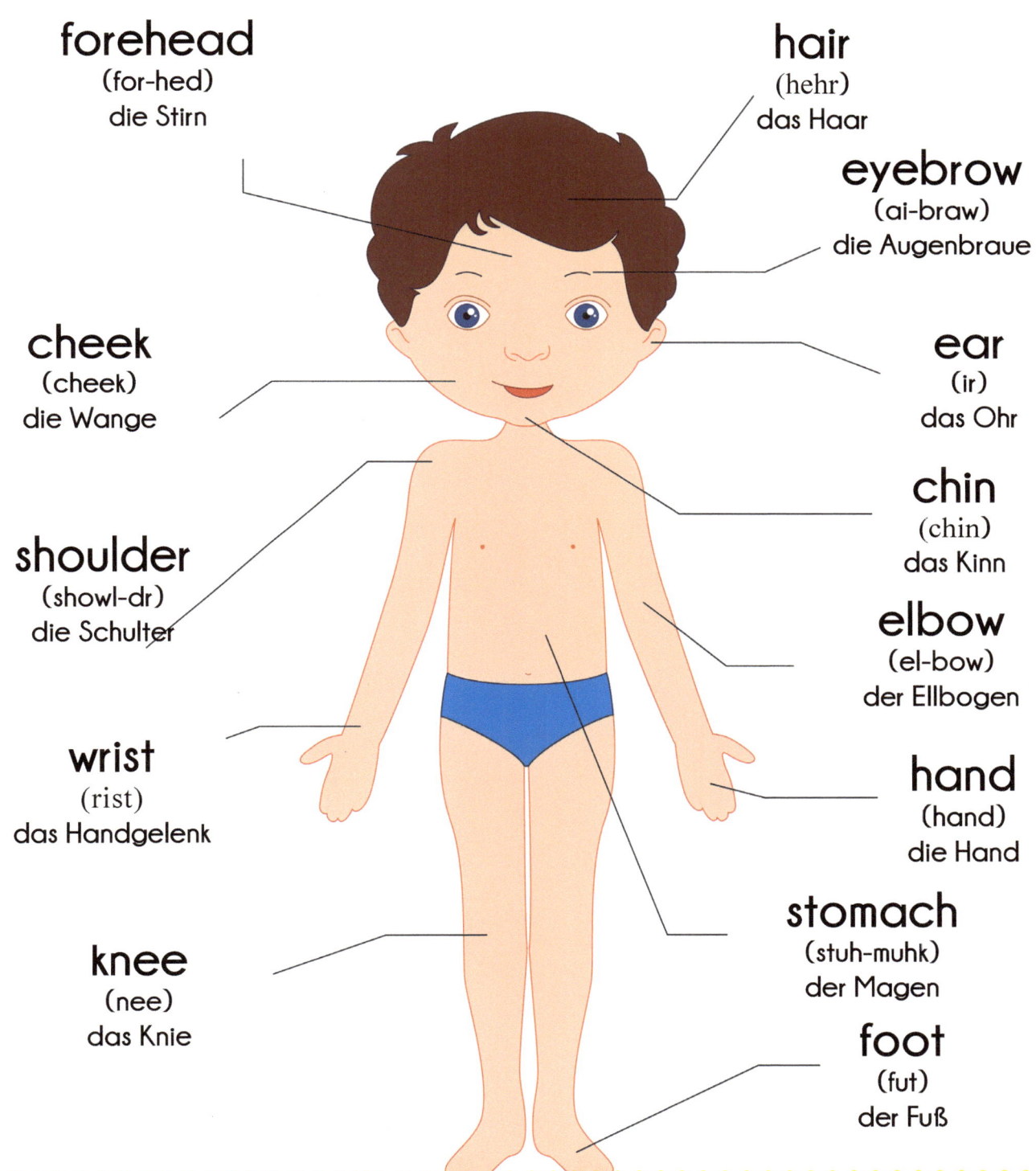

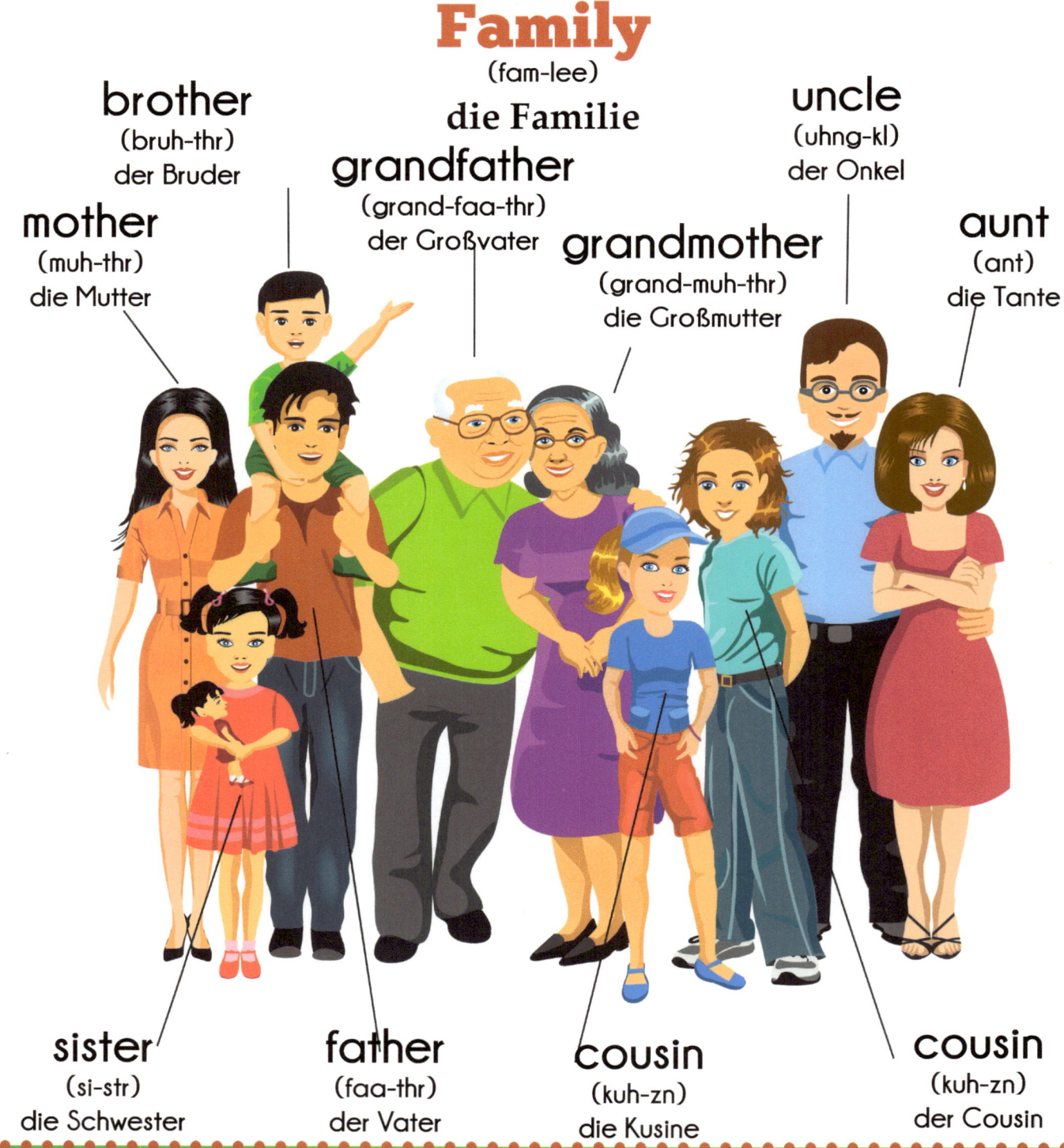

# My House
(mai haws)

mein Haus

## living room
(li-vuhng room)

das Wohnzimmer

## kitchen
(ki-chn)

die Küche

## bedroom
(bed-room)

das Schlafzimmer

## bathroom
(bath-room)

das Badezimmer

## stairs
(stehrz)

die Treppe

## window
(win-dow)

das Fenster

## fireplace
(fai-ur-pleis)

der Kamin

## door
(dor)

die Tür

### couch
(kowch)

die Couch

### chair
(chehr)

der Stuhl

### table
(tay-ble)

der Tisch

### lamp
(lamp)

die Lampe

### television
(teh-luh-vi-zhn)

das Fernsehen

### dresser
(dreh-sr)

die Frisierkommode

### desk
(desk)

das Pult

### bookcase
(buk-keis)

das Bücherregal

### stool
(stool)

der Hocker

# In the Bedroom
(in thuh bed-room)

## im Schlafzimmer

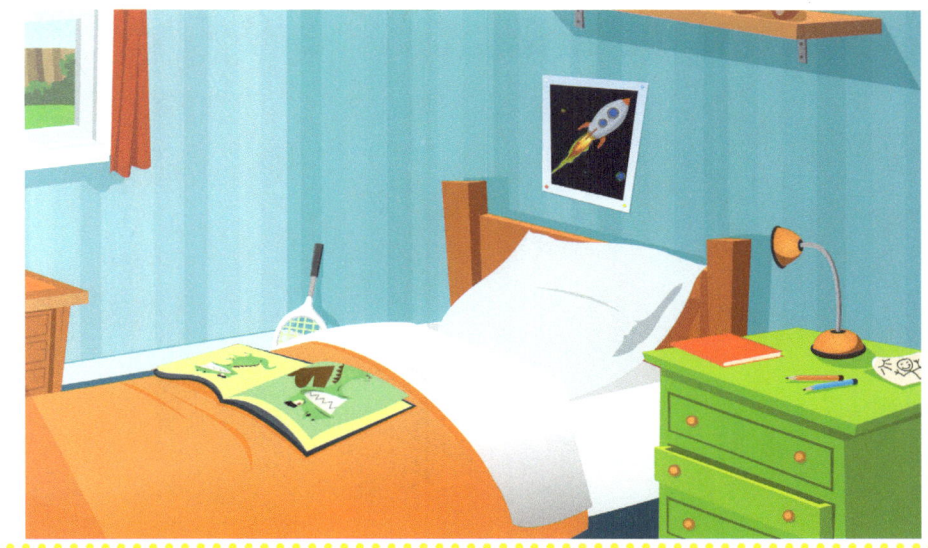

**bed**
(bed)

das Bett

**pillow**
(pi-low)

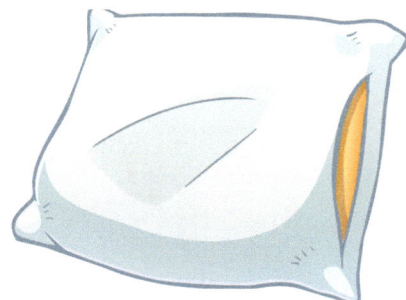

das Kissen

**blanket**
(blang-kuht)

die Decke

**wardrobe**
(wor-drowb)

der Kleiderschrank

**clock**
(klaak)

die Uhr

**mirror**
(mee-rr)

der Spiegel

# Kitchen
(ki-chn)

die Küche

### refrigerator
(ruh-fri-jr-ei-tr)

der Kühlschrank

### stove
(stowv)

der Herd

### bowl
(bowl)

die Schüssel

### cup
(kuhp)

die Tasse

### glass
(glas)

das Glas

### cutting board
(kuh-tuhng bord)

das Schneidebrett

### knife
(naif)

das Messer

### fork
(fork)

die Gabel

## kettle
(keh-tl)

der Wasserkessel

## pan
(pan)

die Pfanne

## pot
(pot)

der Topf

## plate
(pleit)

der Teller

## spoon
(spoon)

der Löffel

## teapot
(tee-paat)

die Teekanne

## whisk
(wisk)

der Schneebesen

## dishwasher
(dish-waa-shr)

die Geschirrspüler

## microwave
(mai-krow-weiv)

die Mikrowelle

# Bathroom
(bath-room)

das Badezimmer

### bathtub
(bath-tuhb)

die Badewanne

### soap
(sowp)

die Seife

### brush
(bruhsh)

die Bürste

### bubbles
(buhb-blz)

die Blasen

### comb
(kowm)

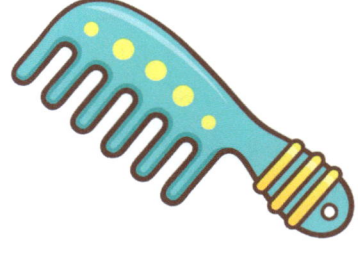

der Kamm

### faucet
(faa-suht)

der Wasserhahn

### scale
(skeil)

die Skala

### shampoo
(sham-poo)

das Shampoo

| | | |
|---|---|---|
| **shower**<br>(show-er)<br><br>die Dusche | **sink**<br>(singk)<br><br>die Spüle | **sponge**<br>(spuhnj)<br><br>der Schwamm |
| **tissue**<br>(ti-shoo)<br><br>das Gewebe | **toilet**<br>(toy-luht)<br><br>die Toilette | **toothbrush**<br>(tooth-bruhsh)<br><br>die Zahnbürste |
| **toothpaste**<br>(tooth-peist)<br><br>die Zahnpasta | **towel**<br>(tawl)<br><br>das Handtuch | **toilet paper**<br>(toy-luht pei-pr)<br><br>das Toilettenpapier |

# My Clothes
(mai klowthz)
Meine Kleidung

### belt
(dair gur-tel)

belt

### swimsuit
(swim-soot)

der Badeanzug

### blouse
(blaws)

die Bluse

### boots
(boots)

die Stiefel

### coat
(kowt)

der Mantel

### dress
(dres)

das Kleid

### gloves
(gluhvz)

die Handschuhe

### jacket
(ja-kuht)

die Jacke

### hat
(hat)

der Hut

| | | |
|---|---|---|
| **jeans**<br>(jeenz)<br><br>die Jeans | **necktie**<br>(nek-tai)<br><br>die Krawatte | **pants**<br>(pants)<br><br>die Hosen |
| **overalls**<br>(ow-vr-aalz)<br><br>die Overalls | **purse**<br>(purs)<br><br>die Handtasche | **pajamas**<br>(puh-jaa-muhz)<br><br>die Schlafanzüge |
| **scarf**<br>(skaarf)<br><br>der Schal | **underwear**<br>(uhn-dr-wehr)<br>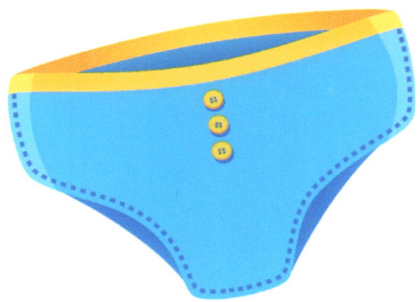<br>die Unterwäsche | **shoes**<br>(shooz)<br><br>die Schuhe |

## skirt
(skurt)

der Rock

## sneakers
(snee-krz)

die Turnschuhe

## socks
(saaks)

die Socken

## sunglasses
(suhn-gla-suhz)

die Sonnenbrille

## sweater
(sweh-tr)

der Pullover

## T-shirt
(tee-shurt)

das T-shirt

## tights
(taits)

die Strumpfhose

## swim trunks
(swim truhngks)

die Badehose

## sweatshirt
(swet-shurt)

das Sweatshirt

# Food
(food)

das Essen

### tomato
(tuh-mei-tow)

die Tomate

### watermelon
(waa-tr-meh-luhn)

die Wassermelone

### apple
(a-pl)

der Apfel

### orange
(aw-ruhnj)

die Orange

### banana
(buh-na-nuh)

die Banane

### strawberries
(straa-beh-reez)

die Erdbeeren

### lemon
(leh-muhn)

die Zitrone

### pear
(pehr)

die Birne

| | | |
|---|---|---|
| **salad** (sa-luhd)  der Salat | **cheese** (cheez)  der Käse | **chicken** (chi-kn)  das Hühnerfleisch |
| **groceries** (grow-sr-eez)  die Lebensmittel | **pancakes** (pan-keiks)  die Pfannkuchen | **sandwich** (san-dwuhch)  das Sandwich |
| **spaghetti** (spuh-geh-tee)  die Spaghetti | **toast** (towst)  der Toast | **corn** (korn)  der Mais |

| | | |
|---|---|---|
| **popcorn**<br>(paap-korn)<br>das Popkorn | **French fries**<br>(french fraiz)<br>die Pommes frites | **ice cream**<br>(ais kreem)<br>die Eiscreme |
| **carrot**<br>(keh-ruht)<br>die Karotte | **pizza**<br>(peet-suh)<br>die Pizza | **broccoli**<br>(braa-kuh-lee)<br>der Brokkoli |
| **milk**<br>(milk)<br>die Milch | **onion**<br>(uhn-yn)<br>die Zwiebel | **turkey**<br>(tur-kee)<br>der Truthahn |

# Animals
(a-nuh-muhlz)

## die Tiere

**bird**
(burd)

der Vogel

**cat**
(kat)

die Katze

**dog**
(daag)

der Hund

**duck**
(duhk)

die Ente

**elephant**
(eh-luh-fnt)

der Elefant

**fox**
(faaks)

der Fuchs

## turkey
(tur-kee)

der Truthahn

## whale
(weil)

der Wal

## panda
(pan-duh)

der Panda

## frog
(fraag)

der Frosch

## owl
(awl)

die Eule

## rabbit
(ra-buht)

das Kaninchen

## rooster
(roo-str)

der Hahn

## monkey
(muhng-kee)

der Affe

## lion
(lai-uhn)

der Löwe

## moose
(moos)

der Elch

## squirrel
(skwur-uhl)

das Eichhörnchen

## snake
(sneik)

die Schlange

## mouse
(maws)

die Maus

## chicken
(chi-kn)

das Hähnchen

## alligator
(a-luh-gei-tr)

der Alligator

## bear
(behr)

der Bär

## pig
(pig)

das Schwein

## turtle
(tur-tl)

die Schildkröte

## hippopotamus
(hi-puh-paa-tuh-muhs)

das Nilpferd

## giraffe
(jr-af)

die Giraffe

## camel
(ka-muhl)

das Kamel

## wolf
(wulf)

der Wolf

## zebra
(zee-bruh)

das Zebra

## fish
(fish)

der Fisch

## cow
(kow)

die Kuh

## sheep
(sheep)

das Schaf

## goat
(gowt)

die Ziege

## horse
(hors)

das Pferd

## tiger
(tai-gr)

der Tiger

## snail
(sneil)

die Schnecke

## penguin
(peng-gwn)

der Pinguin

## gorilla
(gr-i-luh)

der Gorilla

# School
(skool)

die Schule

### school bus
(skool buhs)

der Schulbus

### teacher
(tee-chr)

die Lehrerin

### crayons
(krei-aanz)

des Buntstifte

### glue
(gloo)

der Klebstoff

### notebooks
(nowt-buks)

die Notizbücher

### paint
(peint)

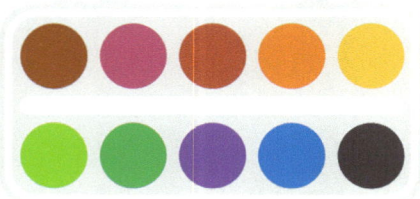
die Farbe

### pencil
(pen-sl)

der Bleistift

### globe
(glowb)

der Globus

| | | |
|---|---|---|
| **backpack** (bak-pak)  der Rucksack | **pen** (pen)  der Kugelschreiber | **ruler** (roo-lr)  das Lineal |
| **calculator** (kal-kyuh-lei-tr)  der Rechner | **scissors** (si-zrz)  die Schere | **stapler** (stei-puh-lr)  der Tacker |
| **book** (buk)  das Buch | **desk** (desk)  deskdas Pult | **student** (stoo-dnt)  die Schülerin |

# Weather
(weh-thr)

### cloud
(klawd)

### lightning
(lait-nuhng)

das Wetter

die Wolke

der Blitz

### rain
(rein)

### snow
(snoe)

### sun
(sun)

der Regen

der Schnee

die Sonne

### tornado
(tor-nei-dow)

### wind
(wind)

### rainbow
(rein-boe)

der Tornado

der Wind

der Regenbogen

# The Seasons - die Jahreszeiten

## winter
(win-tr)

der Winter

## spring
(spri-ng)

der Frühling

## summer
(suh-mrr)

der Sommer

## fall
(faahl)

der Herbst

# Transportation
(tran-spr-tei-shn)
der Transport

### airplane
(ehr-plein)

das Flugzeug

### ambulance
(am-byuh-luhns)

der Krankenwagen

### bicycle
(bai-suh-kl)

das Fahrrad

### boat
(bowt)

das Boot

### bus
(buhs)

der Bus

### car
(kahr)

das Auto

### firetruck
(fai-ur truhk)

der Feuerwehrauto

### helicopter
(heh-luh-kaap-tr)

der Hubschrauber

### motorcycle
(mow-tr-sai-kl)

das Motorrad

| | | |
|---|---|---|
| **police car** (puh-lees car)  das Polizeiauto | **rocket** (raa-kuht)  die Rakete | **scooter** (skoo-tr) der Roller |
| **ship** (ship)  das Schiff | **submarine** (suhb-mr-een)  das Unterseeboot | **tractor** (trak-tr)  der Traktor |
| **train** (trein)  der Zug | **truck** (truhk)  der Lastwagen | **wagon** (wa-gn)  der Wagen |

# SPORTS - Der Sport
(spor-tz)

### glove
(gluhv)

der Handschuh

### baseball
(beis-baal)

der Baseball

### basketball
(ba-skuht-baal)

der Basketball

### skateboard
(skeit-bord)

das Skateboard

### tennis racket
(teh-nuhs ra-kuht)

der Tennisschläger

### whistle
(wi-sl)

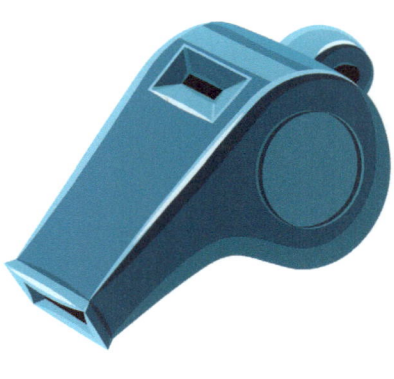

der Pfiff

| | | |
|---|---|---|
| **boxing**<br>(baak-suhng)<br><br>Boxen | **fishing**<br>(fi-shuhng)<br><br>Angeln | **football**<br>(fut-baal)<br><br>der Fußball |
| **golf**<br>(gaalf)<br><br>der Golf | **skating**<br>(skai-tuhng)<br><br>das Schlittschuhlaufen | **karate**<br>(kr-aa-tee)<br><br>das Karate |
| **soccer**<br>(saa-kr)<br><br>der Fußball | **sailing**<br>(sei-luhng)<br><br>das Segeln | **tennis**<br>(teh-nuhs)<br><br>das Tennis |

# Action Words
(ak-shn wurdz)
das Aktionsverb

### crawling
(kraa-luhng)

kriechen

### climbing
(klai-muhng)

klettern

### crying
(kri-ihng)

weinen

### drinking
(dring-kuhng)

trinken

### eating
(ee-tuhng)

essen

### jump
(juhmp)

springen

### laughing
(la-fuhng)

lachen

### listening
(li-suh-nuhng)

hören

### read
(reed)

lesen

| | | |
|---|---|---|
| **running** (ruh-nuhng)  laufen | **sitting** (si-tuhng)  sitzen | **sleeping** (slee-puhng)  schlafen |
| **standing** (stan-duhng)  stehen | **talking** (taa-kuhng)  reden | **walking** (waa-kuhng)  gehen |
| **whisper** (wi-spr)  flüstern | **hugging** (huh-guhng)  umarmen | **bounce** (bawns)  prallen |

# Emotions - die Emotionen
(ee-mow-shnz)

### afraid
(uh-freid)

ängstlich

### curious
(kyur-eeuhs)

neuguerig

### sad
(sad)

traurig

### angry
(ang-gree)

wütend

### surprised
(sr-praizd)

überrascht

### happy
(ha-pee)

glücklich

# OPPOSITES - die Gegensätze
(aa-puh-zuhts)

### dirty
(dur-tee)

### clean
(kleen)

### closed
(klowzd)

### open
(ow-pn)

schmutzig · sauber

geschlossen · öffnen

### cold
(kowld)

### hot
(haat)

### light
(lait)

### dark
(daark)

kalt · heiß · licht · dunkel

# OPPOSITES - die Gegensätze

| **old** (owld) | **young** (yuhng) | **heavy** (heh-vee) | **light** (lait) |
|---|---|---|---|
|  |  |  |  |
| alt | jung | schwer | leicht |

| **loud** (lowd) | **quiet** (kwai-uht) | **down** (dawn) | **up** (up) |
|---|---|---|---|
|  | |  | |
| laut | ruhig | unten | oben |

# OPPOSITES - die Gegensätze

| dry<br>(drai) | wet<br>(wet) | soft<br>(saaft) | hard<br>(haard) |
|---|---|---|---|

| trocken | nass | weich | hart |
|---|---|---|---|

| pull<br>(puhl) | push<br>(push) | above<br>(uh-buhv) | below<br>(buh-low) |
|---|---|---|---|

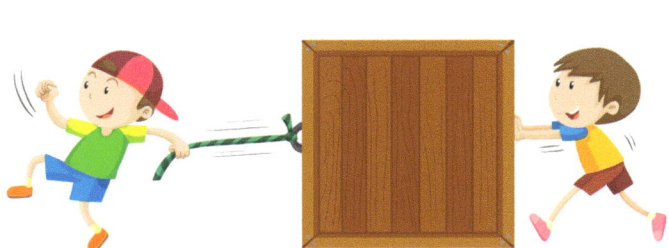 

| ziehen | drücken | über | unten |
|---|---|---|---|

# Shapes - die Formas
(sheips)

### circle
(sur-kl)

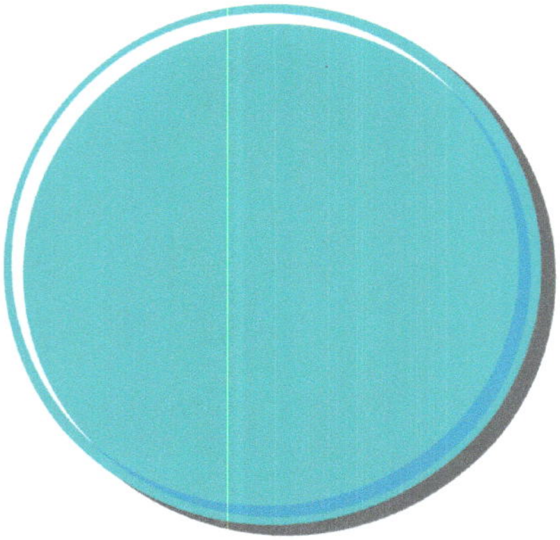

der Kreis

### diamond
(dai-muhnd)

der Diamant

### rectangle
(rek-tang-gl)

das Rechteck

### square
(skwer)

das Quadrat

### star
(staar)

der Stern

### triangle
(trai-ang-gl)

das Dreieck

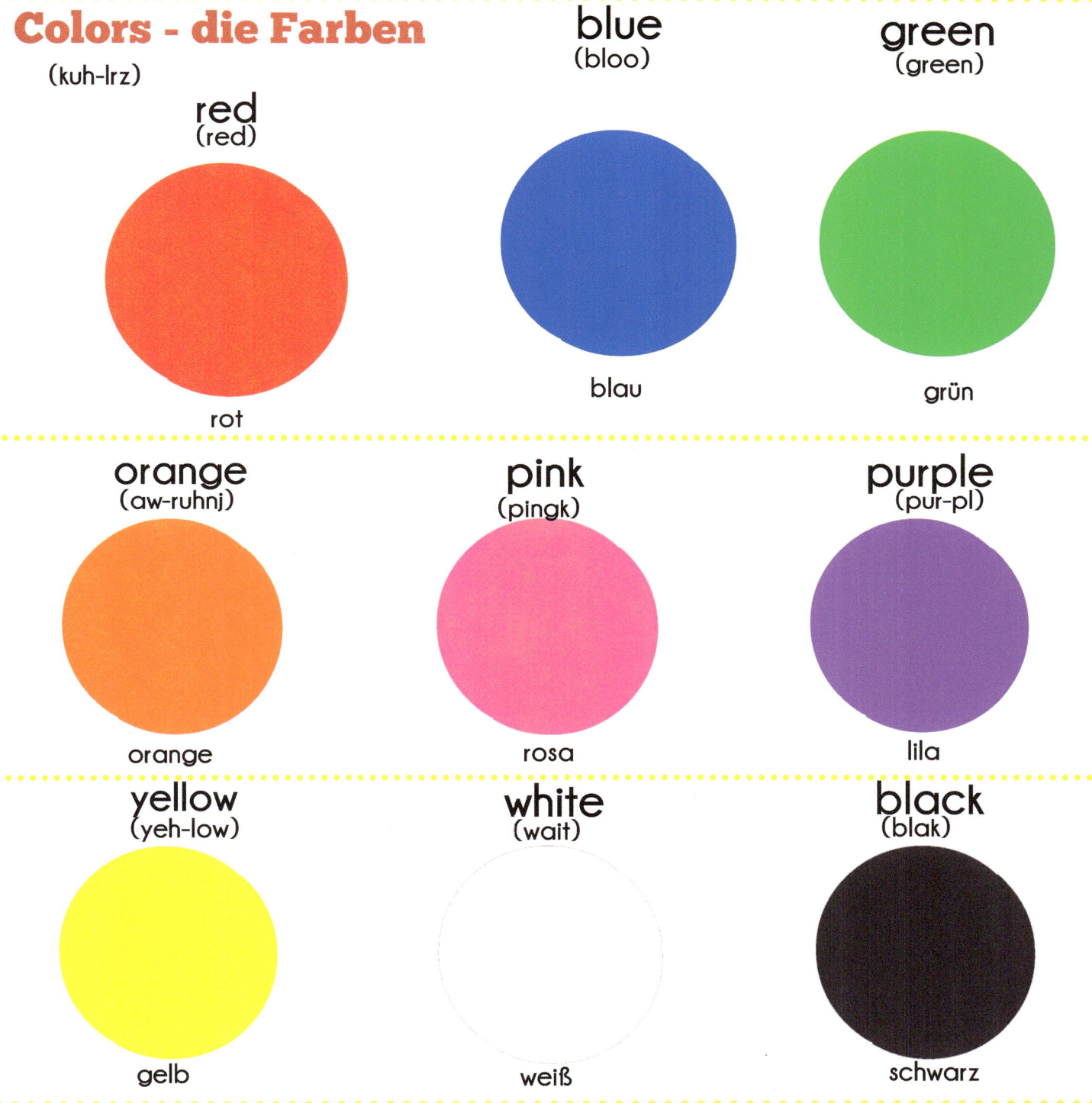

# Numbers - DIE NUMMERN
(nuhm-brz)

| one | two | three | four | five |
|---|---|---|---|---|
| (wuhn) | (too) | (three) | (for) | (faiv) |

| six | seven | eight | nine | ten |
|---|---|---|---|---|
| (siks) | (seh-vn) | (eit) | (nain) | (ten) |

# ALPHABET - DAS ALPHABET
(al-fuh-bet)

| A | B | C | D | E | F | G | H | I |
|---|---|---|---|---|---|---|---|---|
| (a) | (bee) | (cee) | (dee) | (e) | (ef) | (gee) | (aitch) | (i) |
| J | K | L | M | N | O | P | Q | R |
| (jay) | (kay) | (el) | (em) | (en) | (o) | (pee) | (cue) | (ar) |
| S | T | U | V | W | X | Y | Z | |
| (ess) | (tee) | (u) | (vee) | (double u) | (ex) | (wy) | (zee) | |

# Deutsche-Englisch Wortliste

|  |  |  |  |
|---|---|---|---|
| **acht** | eight | **das Brot** | bread |
| **der Affe** | monkey | **der Bruder** | brother |
| **der Alligator** | alligator | **die Brust** | chest |
| **alt** | old | **das Buch** | book |
| **angeln** | fishing | **das Bücherregal** | bookcase |
| **ängstlich** | afraid | **die Buntstifte** | crayons |
| **der Apfel** | apple | **die Bürste** | brush |
| **der Arm** | arm | **der Bus** | bus |
| **blau** | blue | **die Butter** | butter |
| **das Alphabet** | alphabet | **die Couch** | couch |
| **das Auge** | eye | **der Cousin** | cousin |
| **die Augenbraue** | eyebrow | **der Diamant** | diamond |
| **das Auto** | car | **die Decke** | blanket |
| **der Badeanzug** | swimsuit | **drei** | three |
| **die Badehose** | swim trunks | **das Dreieck** | triangle |
| **die Badewanne** | bathtub | **drücken** | push |
| **das Badezimmer** | bathroom | **dunkel** | dark |
| **die Banane** | banana | **die Dusche** | shower |
| **der Bär** | bear | **das Ei** | egg |
| **der Baseball** | baseball | **das Eichhörnchen** | squirrel |
| **der Basketball** | basketball | **eins** | one |
| **das Bein** | leg | **die Eiscreme** | ice cream |
| **das Bett** | bed | **der Elch** | moose |
| **die Bibliothek** | library | **der Elefant** | elephant |
| **die Birne** | pear | **der Ellbogen** | elbow |
| **die Blasen** | bubbles | **die Emotionen** | emotions |
| **der Bleistift** | pencil | **die Ente** | duck |
| **der Blitz** | lightning | **die Erdbeeren** | strawberries |
| **die Bluse** | blouse | **essen** | eating |
| **das Boot** | boat | **das Essen** | food |
| **boxen** | boxing | **die Eule** | owl |
| **der Brokkoli** | broccoli | **das Fahrrad** | bicycle |

# Deutsche-Englisch Wortliste

| | | | |
|---|---|---|---|
| **die Familie** | family | **der Großvater** | grandfather |
| **die Farbe** | paint | **dee Großmutter** | grandmother |
| **die Farben** | colors | **grün** | green |
| **das Fenster** | window | **der Hahn** | rooster |
| **der Fernseher** | television | **der Gürtel** | belt |
| **das Feuerwehrauto** | fire truck | **die Haare** | hair |
| **der Finger** | finger | **der Hals** | neck |
| **der Fisch** | fish | **die Hand** | hand |
| **flüstern** | whisper | **das Handgelenk** | wrist |
| **die Formen** | shapes | **der Handschuh** | glove |
| **die Frisierkommode** | dresser | **die Handtasche** | purse |
| **der Frosch** | frog | **das Handtuch** | towel |
| **der Frühling** | spring | **hart** | hard |
| **der Fuchs** | fox | **das Haus** | house |
| **der Fuß** | foot | **heiß** | hot |
| **der Fußball** | football | **das Hemd** | shirt |
| **der Fußball** | soccer | **der Herbst** | autumn |
| **fünf** | five | **der Herd** | stove |
| **die Gabel** | fork | **der Hocker** | stool |
| **die Gegensätze** | opposites | **hören** | listening |
| **gehen** | walking | **die Hosen** | pants |
| **gelb** | yellow | **der Hubschrauber** | helicopter |
| **die Geschirrspüler** | dishwasher | **das Hühnerfleisch** | chicken |
| **geschlossen** | closed | **der Hund** | dog |
| **das Gesicht** | face | **der Hut** | hat |
| **das Gewebe** | tissue | **die Jacke** | jacket |
| **die Giraffe** | giraffe | **die Jahreszeiten** | seasons |
| **das Glas** | glass | **die Jeans** | jeans |
| **der Globus** | globe | **jung** | young |
| **glücklich** | happy | **kalt** | cold |
| **golf** | golf | **das Kamel** | camel |
| **der Gorilla** | gorilla | **der Kamin** | fireplace |

# Deutsche-Englisch Wortliste

| | | | |
|---|---|---|---|
| **der Kamm** | comb | **die Lebensmittel** | groceries |
| **das Kaninchen** | rabbit | **die Lehrerin** | teacher |
| **Karate** | karate | **leicht** | light |
| **die Karotte** | carrot | **lesen** | read |
| **die Kartoffeln** | potatoes | **licht** | light |
| **der Käse** | cheese | **lila** | purple |
| **die Katze** | cat | **das Lineal** | ruler |
| **das Kinn** | chin | **der Löffel** | spoon |
| **der Klebstoff** | glue | **der Löwe** | lion |
| **der Kleiderschrank** | wardrobe | **der Magen** | stomach |
| **klettern** | climbing | **der Mais** | corn |
| **das Kissen** | pillow | **der Mantel** | coat |
| **das Kleid** | dress | **die Maus** | mouse |
| **die Kleidung** | clothes | **das Messer** | knife |
| **das Knie** | knee | **die Mikrowelle** | microwave |
| **der Kopf** | head | **die Milch** | milk |
| **der Körper** | body | **das Motorrad** | motorcycle |
| **der Krankenwagen** | ambulance | **der Mund** | mouth |
| **die Krawatte** | necktie | **die Mutter** | mother |
| **der Kreis** | circle | **die Nase** | nose |
| **kriechen** | crawling | **nass** | wet |
| **die Küche** | kitchen | **neugierig** | curious |
| **der Kuchen** | cake | **neun** | nine |
| **der Kugelschreiber** | pen | **das Nilpferd** | hippopotamus |
| **die Kuh** | cow | **die Notizbücher** | notebooks |
| **der Kühlschrank** | refrigerator | **die Nummern** | numbers |
| **die Kusine** | cousin (female) | **die Nüsse** | nuts |
| **lachen** | laugh | **oben** | up |
| **die Lampe** | lamp | **öffnen** | open |
| **der Lastwagen** | truck | **das Ohr** | ear |
| **laufen** | running | **der Onkel** | uncle |
| **laut** | loud | **orange** | orange (color) |

# Deutsche-Englisch Wortliste

| | | | |
|---|---|---|---|
| **die Orange** | orange (fruit) | **das Sandwich** | sandwich |
| **die Overalls** | overalls | **sauber** | clean |
| **der Panda** | panda | **das Schaf** | sheep |
| **das Pferd** | horse | **der Schal** | scarf |
| **die Pfanne** | pan | **die Schere** | scissors |
| **die Pfannkuchen** | pancakes | **das Schiff** | ship |
| **pfeifen** | whistle | **die Schildkröte** | turtle |
| **der Pinguin** | penguin | **die Schlafanzüge** | pajamas |
| **die Pizza** | pizza | **schlafen** | sleeping |
| **die Plätzchen** | cookies | **das Schlafzimmer** | bedroom |
| **das Polizeiauto** | police car | **die Schlange** | snake |
| **die Pommes** | chips | **das Schlittschuhlaufen** | skating |
| **die Pommes frites** | french fries | **die Schnecke** | snail |
| **das Popcorn** | popkorn | **der Schnee** | snow |
| **prallen** | bounce | **schmutzig** | dirty |
| **der Pullover** | sweater | **der Schneebesen** | whisk |
| **das Pult** | desk | **das Schneidebrett** | cutting board |
| **das Quadrat** | square | **die Schuhe** | shoes |
| **die Rakete** | rocket | **der Schulbus** | school bus |
| **der Rechner** | calculator | **die Schule** | school |
| **das Rechteck** | rectangle | **die Schülerin** | student (female) |
| **reden** | talking | **die Schulter** | shoulder |
| **der Regen** | rain | **die Schüssel** | bowl |
| **der Regenbogen** | rainbow | **der Schwamm** | sponge |
| **der Reis** | rice | **schwarz** | black |
| **der Rock** | skirt | **das Schwein** | pig |
| **der Roller** | scooter | **schwer** | heavy |
| **rosa** | pink | **die Schwester** | sister |
| **rot** | red | **sechs** | six |
| **der Rucksack** | backpack | **segeln** | sailing |
| **ruhig** | quiet | **die Seife** | soap |
| **der Salat** | salad | **das Shampoo** | shampoo |

# Deutsche-Englisch Wortliste

|  |  |  |  |
|---|---|---|---|
| **sieben** | seven | **die Toilette** | toilet |
| **sitzen** | sit | **das Toilettenpapier** | toilet paper |
| **die Skala** | scale | **die Tomate** | tomato |
| **das Skateboard** | skateboard | **der Topf** | pot |
| **die Socken** | socks | **der Traktor** | tractor |
| **der Sommer** | summer | **der Transport** | transportation |
| **die Sonne** | sun | **der Tornado** | tornado |
| **die Sonnenbrille** | sunglasses | **traurig** | sad |
| **die Spaghetti** | spaghetti | **die Treppe** | stairs |
| **der Spiegel** | mirror | **trinken** | drinking |
| **der Sport** | sports | **trocken** | dry |
| **springen** | jump | **der Truthahn** | turkey |
| **die Spüle** | sink | **T-Shirt** | t-shirt |
| **stark** | strong | **die Tür** | door |
| **stehen** | standing | **die Turnschuhe** | sneakers |
| **die Stiefel** | boots | **über** | above |
| **die Stirn** | forehead | **überrascht** | surprised |
| **die Strumpfhose** | tights | **die Uhr** | clock |
| **der Stern** | star | **umarmen** | hugging |
| **der Stuhl** | chair | **unten** | below |
| **das Sweatshirt** | sweatshirt | **unten** | down |
| **der Tacker** | stapler | **das Unterseeboot** | submarine |
| **die Tante** | aunt | **die Unterwäsche** | underwear |
| **die Tasse** | cup | **der Vater** | father |
| **die Teekanne** | teapot | **vier** | four |
| **der Teller** | plate | **der Vogel** | bird |
| **das Tennis** | tennis | **der Wagen** | wagon |
| **der Tennisschläger** | tennis racket | **der Wal** | whale |
| **die Tiere** | animals | **die Wange** | cheek |
| **der Tiger** | tiger | **der Wasserhahn** | faucet |
| **der Tisch** | table | **der Wasserkessel** | kettle |
| **der Toast** | toast | **die Wassermelone** | watermelon |

# Deutsche-Englisch Wortliste

| | |
|---|---|
| **weich** | soft |
| **weinen** | cry |
| **weiß** | white |
| **wütend** | angry |
| **das Wetter** | weather |
| **der Wind** | wind |
| **der Winter** | winter |
| **das Wohnzimmer** | living room |
| **der Wolf** | wolf |
| **die Wolke** | cloud |
| **die Zahnbürste** | toothbrush |
| **die Zahnpasta** | toothpaste |
| **das Zebra** | zebra |
| **der Zeh** | toe |
| **zehn** | ten |
| **die Ziege** | goat |
| **ziehen** | pull |
| **die Zitrone** | lemon |
| **der Zug** | train |
| **zwei** | two |
| **die Zwiebel** | onion |

# Englisch-Deutsche Wortliste

| | | | |
|---|---|---|---|
| **above** | über | **bookcase** | das Bücherregal |
| **action words** | das Aktionsverb | **boots** | die Stiefel |
| **afraid** | ängstlich | **bounce** | prallen |
| **alligator** | der Alligator | **bowl** | die Schüssel |
| **alphabet** | das Alphabet | **boxing** | boxen |
| **ambulance** | der Krankenwagen | **bread** | das Brot |
| **angry** | wütend | **broccoli** | der Brokkoli |
| **animals** | die Tiere | **brother** | der Bruder |
| **apple** | der Apfel | **brush** | die Bürste |
| **arm** | der Arm | **bubbles** | die Blasen |
| **aunt** | die Tante | **bus** | der Bus |
| **autumn** | der Herbst | **butter** | die Butter |
| **backpack** | der Rucksack | **cake** | der Kuchen |
| **banana** | die Banane | **calculator** | der Rechner |
| **baseball** | der Baseball | **camel** | das Kamel |
| **basketball** | der Basketball | **car** | das Auto |
| **bathroom** | das Badezimmer | **carrot** | die Karotte |
| **bathtub** | die Badewanne | **cat** | die Katze |
| **bear** | der Bär | **chair** | der Stuhl |
| **bed** | das Bett | **cheek** | die Wange |
| **bedroom** | das Schlafzimmer | **cheese** | der Käse |
| **below** | unten | **chest** | die Brust |
| **belt** | der Gürtel | **chicken** | das Hühnerfleisch |
| **bicycle** | das Fahrrad | **chin** | das Kinn |
| **bird** | der Vogel | **chips** | die Pommes |
| **black** | schwarz | **circle** | der Kreis |
| **blanket** | die Decke | **clean** | sauber |
| **blouse** | die Bluse | **climbing** | klettern |
| **blue** | blau | **clock** | die Uhr |
| **boat** | das Boot | **closed** | geschlossen |
| **body** | der Körper | **clothes** | die Kleidung |
| **book** | das Buch | **cloud** | die Wolke |

# Englisch-Deutsche Wortliste

| | | | |
|---|---|---|---|
| **coat** | der Mantel | **eight** | acht |
| **cold** | kalt | **elbow** | der Ellbogen |
| **colors** | die Farben | **elephant** | der Elefant |
| **comb** | der Kamm | **emotions** | die Emotionen |
| **cookies** | die Plätzchen | **eye** | das Auge |
| **corn** | der Mais | **eyebrow** | die Augenbraue |
| **couch** | die Couch | **face** | das Gesicht |
| **cousin (male)** | der Cousin | **family** | die Familie |
| **cousin (female)** | die Kusine | **father** | der Vater |
| **cow** | die Kuh | **faucet** | der Wasserhahn |
| **crawling** | kriechen | **finger** | der Finger |
| **crayons** | die Buntstifte | **fire truck** | das Feuerwehrauto |
| **cry** | weinen | **fireplace** | der Kamin |
| **cup** | die Tasse | **fish** | der Fisch |
| **curious** | neugierig | **fishing** | angeln |
| **cutting board** | das Schneidebrett | **five** | fünf |
| **dark** | dunkel | **food** | das Essen |
| **desk** | das Pult | **foot** | der Fuß |
| **diamond** | der Diamant | **football** | der Fußball |
| **dirty** | schmutzig | **forehead** | die Stirn |
| **dishwasher** | die Geschirrspüler | **fork** | die Gabel |
| **dog** | der Hund | **fox** | der Fuchs |
| **door** | die Tür | **four** | vier |
| **down** | unten | **french fries** | die Pommes frites |
| **dress** | das Kleid | **frog** | der Frosch |
| **dresser** | die Frisierkommode | **giraffe** | die Giraffe |
| **drinking** | trinken | **glass** | das Glas |
| **dry** | trocken | **globe** | der Globus |
| **duck** | die Ente | **glove** | der Handschuh |
| **ear** | das Ohr | **glue** | der Klebstoff |
| **eating** | Essen | **goat** | die Ziege |
| **egg** | das Ei | **golf** | golf |

# Englisch-Deutsche Wortliste

| | | | |
|---|---|---|---|
| **gorilla** | der Gorilla | **light** | das Licht |
| **grandfather** | der Großvater | **light** | leicht |
| **grandmother** | dee Großmutter | **lightning** | der Blitz |
| **green** | grün | **lion** | der Löwe |
| **groceries** | die Lebensmittel | **listening** | hören |
| **hair** | die Haare | **living room** | das Wohnzimmer |
| **hand** | die Hand | **loud** | laut |
| **happy** | glücklich | **microwave** | die Mikrowelle |
| **hard** | hart | **milk** | die Milch |
| **hat** | der Hut | **mirror** | der Spiegel |
| **head** | der Kopf | **monkey** | der Affe |
| **heavy** | schwer | **moose** | der Elch |
| **helicopter** | der Hubschrauber | **mother** | die Mutter |
| **hippopotamus** | das Nilpferd | **motorcycle** | das Motorrad |
| **horse** | das Pferd | **mouse** | die Maus |
| **hot** | heiß | **mouth** | der Mund |
| **house** | das Haus | **neck** | der Hals |
| **hugging** | umarmen | **necktie** | die Krawatte |
| **ice cream** | die Eiscreme | **nine** | neun |
| **jacket** | die Jacke | **nose** | die Nase |
| **jeans** | die Jeans | **notebooks** | die Notizbücher |
| **jump** | springen | **numbers** | die Nummern |
| **karate** | karate | **nuts** | die Nüsse |
| **kettle** | der Wasserkessel | **old** | alt |
| **kitchen** | die Küche | **one** | eins |
| **knee** | das Knie | **onion** | die Zwiebel |
| **knife** | das Messer | **open** | öffnen |
| **lamp** | die Lampe | **opposites** | die Gegensätze |
| **laugh** | lachen | **orange (color)** | orange |
| **leg** | das Bein | **orange (fruit)** | die Orange |
| **lemon** | die Zitrone | **overalls** | die Overalls |
| **library** | die Bibliothek | **owl** | die Eule |

# Englisch-Deutsche Wortliste

| | | | |
|---|---|---|---|
| **paint** | die Farbe | **rocket** | die Rakete |
| **pajamas** | die Schlafanzüge | **rooster** | der Hahn |
| **pan** | die Pfanne | **ruler** | das Lineal |
| **pancakes** | die Pfannkuchen | **running** | laufen |
| **panda** | der Panda | **sad** | traurig |
| **pants** | die Hosen | **sailing** | segeln |
| **pear** | die Birne | **salad** | der Salat |
| **pen** | der Kugelschreiber | **sandwich** | das Sandwich |
| **pencil** | der Bleistift | **scale** | die Skala |
| **penguin** | der Pinguin | **scarf** | der Schal |
| **pig** | das Schwein | **school** | die Schule |
| **pillow** | das Kissen | **school bus** | der Schulbus |
| **pink** | rosa | **scissors** | die Schere |
| **pizza** | die Pizza | **scooter** | der Roller |
| **plate** | der Teller | **seasons** | die Jahreszeiten |
| **police car** | das Polizeiauto | **seven** | sieben |
| **popkorn** | das Popcorn | **shampoo** | das Shampoo |
| **pot** | der Topf | **shapes** | die Formen |
| **potatoes** | die Kartoffeln | **sheep** | das Schaf |
| **pull** | ziehen | **ship** | das Schiff |
| **purple** | lila | **shirt** | das Hemd |
| **purse** | die Handtasche | **shoes** | die Schuhe |
| **push** | drücken | **shoulder** | die Schulter |
| **quiet** | ruhig | **shower** | die Dusche |
| **rabbit** | das Kaninchen | **sink** | die Spüle |
| **rain** | der Regen | **sister** | die Schwester |
| **rainbow** | der Regenbogen | **sit** | sitzen |
| **read** | lesen | **six** | sechs |
| **rectangle** | das Rechteck | **skateboard** | das Skateboard |
| **red** | rot | **skating** | das Schlittschuhlaufen |
| **refrigerator** | der Kühlschrank | **skirt** | der Rock |
| **rice** | der Reis | **sleeping** | schlafen |

# Englisch-Deutsche Wortliste

| | | | |
|---|---|---|---|
| **snail** | die Schnecke | **swimsuit** | der Badeanzug |
| **snake** | die Schlange | **swim trunks** | die Badehose |
| **sneakers** | die Turnschuhe | **table** | der Tisch |
| **snow** | der Schnee | **talking** | reden |
| **soap** | die Seife | **teacher** | die Lehrerin |
| **soccer** | der Fußball | **teapot** | die Teekanne |
| **socks** | die Socken | **television** | der Fernseher |
| **soft** | weich | **ten** | zehn |
| **spaghetti** | die Spaghetti | **tennis** | das Tennis |
| **sponge** | der Schwamm | **tennis racket** | der Tennisschläger |
| **spoon** | der Löffel | **three** | drei |
| **sports** | der Sport | **tiger** | der Tiger |
| **spring** | der Frühling | **tights** | die Strumpfhose |
| **square** | das Quadrat | **tissue** | das Gewebe |
| **squirrel** | das Eichhörnchen | **toast** | der Toast |
| **stairs** | die Treppe | **toe** | der Zeh |
| **standing** | stehen | **toilet** | die Toilette |
| **stapler** | der Tacker | **toilet paper** | das Toilettenpapier |
| **star** | der Stern | **tomato** | die Tomate |
| **stomach** | der Magen | **toothbrush** | die Zahnbürste |
| **stool** | der Hocker | **toothpaste** | die Zahnpasta |
| **stove** | der Herd | **tornado** | der Tornado |
| **strawberries** | die Erdbeeren | **towel** | das Handtuch |
| **strong** | stark | **tractor** | der Traktor |
| **student** | die Schülerin | **train** | der Zug |
| **submarine** | das Unterseeboot | **transportation** | der Transport |
| **summer** | der Sommer | **triangle** | das Dreieck |
| **sun** | die Sonne | **truck** | der Lastwagen |
| **sunglasses** | die Sonnenbrille | **t-shirt** | das T-Shirt |
| **surprised** | überrascht | **turkey** | der Truthahn |
| **sweater** | der Pullover | **turtle** | die Schildkröte |
| **sweatshirt** | das Sweatshirt | **two** | zwei |

# Englisch-Deutsche Wortliste

| | | | |
|---|---|---|---|
| **uncle** | der Onkel | **whisper** | flüstern |
| **underwear** | die Unterwäsche | **whistle** | pfeifen |
| **up** | oben | **white** | weiß |
| **wagon** | der Wagen | **wind** | der Wind |
| **walking** | gehen | **window** | das Fenster |
| **wardrobe** | der Kleiderschrank | **winter** | der Winter |
| **watermelon** | die Wassermelone | **wolf** | der Wolf |
| **weather** | das Wetter | **wrist** | das Handgelenk |
| **wet** | nass | **yellow** | gelb |
| **whale** | der Wal | **young** | jung |
| **whisk** | der Schneebesen | **zebra** | das Zebra |

Herausgegeben von Dylanna Press ein Abdruck von Dylanna Publishing, Inc.
Urheberrechte © 2021 von Dylanna Press

der Editor: Julie Grady

Alle Rechte vorbehalten. Kein Teil dieser Veröffentlichung darf ohne vorherige schriftliche Genehmigung des Herausgebers reproduziert, in einem Abrufsystem gespeichert oder auf irgendeine Weise übertragen werden, einschließlich elektronisch, mechanisch, fotokopiert oder auf andere Weise.

Obwohl der Verlag bei der Erstellung dieses Buches alle zumutbare Sorgfalt angewendet hat, übernehmen wir keine Garantie für die Richtigkeit oder Vollständigkeit seines Inhalts und lehnen, soweit dies zulässig ist, jegliche Haftung ab, die sich aus seiner Verwendung ergibt.

www.ingramcontent.com/pod-product-compliance
Lightning Source LLC
Chambersburg PA
CBHW041103070526
44583CB00002B/40